AF248304

# ABRÉGÉ

## DE

# L'HISTOIRE DE MELLE

ET

## Histoire de Verrines-sous-Celles

PAR

### PONTENIER DE LA GIRARDIÈRE

PARIS

## HENRI JOUVE, ÉDITEUR

*15, Rue Racine, 15*

—

1909

DÉPOT LÉGAL
Seine
N° 253
1910

8: L7 K 7207

# ABRÉGÉ

### DE

# L'Histoire de Melle

S Lk7
37207

# AVANT-PROPOS

Je n'ai point la prétention de faire l'histoire de la ville de Mello.

C'est un simple abrégé de son histoire.

Heureux si je puis intéresser le lecteur.

Heureux si je sais rester fidèle aux textes où je prends mes extraits.

# ABRÉGÉ
# DE L'HISTOIRE DE MELLE

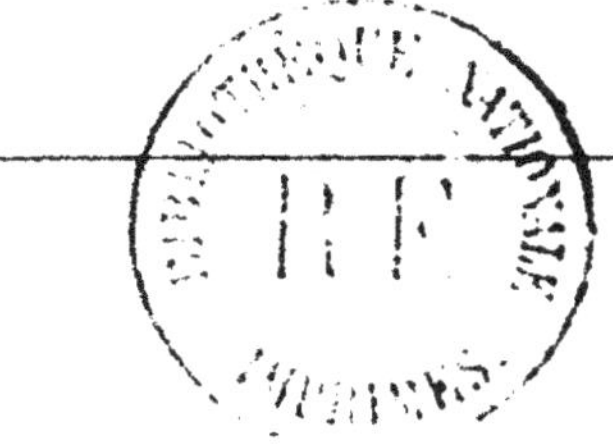

I

### ORIGINE DE MELLE. — SA MINE. — SES MONNAIES

Melle (*metallum, metallum*) est une des plus anciennes villes de France, et passe pour être la plus
ancienne ville du département des Deux-Sèvres.

Elle est bâtie sur le coteau qui sépare les deux
vallons baignés par la *Légère* et la *Béronne*.

Son écusson d'azur à trois besants d'argent, signi-
fie par les emblèmes qui le rehaussent, qu'on a battu
monnaie à Melle, au temps de la fameuse fée Mélu-
sine, cette sirène moitié femme et moitié serpent
qui, d'après la chronique populaire, était dame de
Melle et de Lusignan, et avait bâti ces deux châteaux
forts.

Les bords des deux ruisseaux qui baignent la ville

de Melle, offrent une succession de roches calcaires et de roches siliceuses entre lesquelles il existe un argile rougeâtre, où l'on trouve des indices souvent assez riches de galène argentifère, avec des coquilles pétrifiées, de plusieurs sortes.

C'est à ce minerai de plomb contenant une notable portion d'argent que Melle doit probablement son origine.

L'ouverture de la mine date de l'époque romaine.

Au vii<sup>e</sup> siècle la mine de Melle était très productive.

L'importance historique de cette ville tient surtout à sa mine et à ses monnaies.

Les premières pièces d'argent furent frappées au château de Médoc sous Charlemagne. Elles portent ces mots : *medole, medolus, medocus, medogus.*

Ensuite la fabrication devenant plus importante, sous Louis le Débonnaire, Pépin I<sup>er</sup>, Pépin II, Charles le Chauve, Louis le Bègue et Charles le Simple, les pièces portèrent l'indication de Melle exprimée ainsi : *metallam, metullum, metallo.*

Lorsque Charles le Chauve en 854 réduisit à dix les ateliers monétaires du royaume, il conserva celui de Melle.

## II



Au vi⁰ siècle eut lieu à Melle l'inhumation de l'évêque de Poitiers, Pientius (Saint-Pient), fils d'un sacristain de Saint-Pierre de Melle.

Pientius était décédé à Melle en visitant son diocèse.

Il avait choisi Melle comme résidence dans ses tournées, parmi les populations à peine civilisées.

Pientius fut enterré, d'après sa volonté, dans l'église souterraine de Saint-Savinien, autrefois l'église cathédrale. Cette église sert aujourd'hui de prison.

Elle était située à côté du château de Médoc, Mendoc ou Menoc. On conjecture que l'emplacement de ce château était le même que celui de l'évêché, transformé depuis en palais de justice.

# III

## INVASION DES NORMANDS. — LES VICOMTES

En 840, les Normands attirés par la renommée des richesses de la ville de Melle, fondirent sur cette ville, la livrèrent au pillage et en massacrèrent les habitants.

Ils y revinrent en 848, et s'emparèrent de tout l'argent monnayé ou en lingots qu'ils trouvèrent.

Au commencement du x⁰ siècle, Melle devint chef-lieu d'un vicomté. Cette ville eut des vicomtes, des vicomtes monétaires.

Les vicomtes, d'institution féodale, furent les lieutenants des comtes qui, autrefois, s'occupaient des affaires judiciaires financières et militaires de leur ressort. Les fonctions des comtes sont définies dans les *Capitulaires* de Charlemagne, qui avait divisé son empire en royaumes subdivisés en duchés, margraviats, comtés, vigueries.

Les vicomtes étaient généralement plusieurs par comté. Ils furent d'abord à vie, et héréditaires plus tard. Peu de temps après leur institution, ils ajoutèrent à l'indication de leur titre, le nom de la ville ou de la contrée dans laquelle ils exerçaient leurs fonctions. Comme lieutenants de comtes, ils étaient chargés d'exercer leurs fonctions, lorsque ceux-ci s'absentaient, et de les aider lorsqu'ils étaient présents.

Les vicomtes furent pris parmi les plus grands seigneurs originaires de la province.

Les vicomtes de Melle furent : Maingot (854-907), Atton (910-927), Raoul (936), Menard (951), Guillelme (959).

Guillelme est le dernier vicomte de Melle que l'histoire fasse connaître. On n'a pas de renseignements sur ce personnage, mais on est porté à croire qu'il fit édifier ou réparer l'église de Saint-Hilaire de Melle, parce que l'on voit au-dessus du portail de cette église une statue équestre, dont le cavalier est revêtu d'une couronne de vicomte.

Depuis Guillelme, le titre de vicomte de Melle fut aboli, et chaque seigneur du nom de Maingot, ne prit plus que le titre d'homme très illustre (*vir clarissimus*).

Selon une charte sans date, mais que l'on place sous la date de l'an 960, une dame, nommée Aiteldis, donne en précaire au monastère de Saint-Maixent, 64 livres de marais salants, 11 juments, 2 poulains, 63 cochons, plus les redevances sur le pain et le vin qui lui appartenaient dans la ville de Melle. Ce dernier don autorise, en quelque sorte, à croire que la bienfaitrice fut la vicomtesse de la localité.

La juridiction des vicomtes de Melle ne s'étendait pas plus loin que l'exploitation de la mine.

Il n'y eut plus de vicomtes à Melle dès que cessa l'exploitation de la mine, et que son atelier monétaire eût été transféré à Niort, époque antérieure à 1014.

Dans les excavations de la mine exploitée, on a trouvé les débris d'une fabrique d'épingles.

Une concession de la mine de Melle fut faite en 1603 à Duplessis-Mornay ; mais elle n'eut pas de suites. En 1780, sous la Restauration, une compagnie voulut en reprendre l'exploitation, mais la tentative n'eut pas de résultat.

La translation de la monnaie de Melle à Niort, fut causée sans doute par l'épuisement de la mine de Galène, d'où l'on avait extrait le minerai avec tant d'abondance, qu'un seul monceau formait ce qu'on a appelé depuis la montagne de Saint-Pierre.

# IV



Parmi les monuments, on peut citer d'abord les églises de Saint-Pierre et de Saint-Hilaire.

Ce sont deux belles églises romanes du xiᵉ siècle. Elles appartiennent toutes les deux au style byzantin (architecture gréco-romaine). Une troisième église, Saint-Savinien, n'est plus consacrée au culte, et sert aujourd'hui de prison.

On peut citer, ensuite, l'ancien hôtel de Médoc ou l'Évêché, bâti, dit-on, primitivement par Saint-Pient (562) évêque de Poitiers.

Ce monument flanqué de deux vieilles tours du xvᵉ siècle, dites de l'évêché, fut ensuite successivement le siège de la juridiction monétaire de la viguerie et temple protestant. Il sert aujourd'hui de palais de justice.

De la même époque que les églises de Saint-Pierre et de Saint-Hilaire, date la fête locale de la Bachélerie, dont le chef électif et annuel percevait le revenu d'une prairie, à la charge de pourvoir aux plaisirs d'une journée, pour les habitants et les étrangers.

# V

## LE CHATEAU FORT ET LES SEIGNEURS

Cette forteresse féodale fut construite par les vicomtes de Melle, sur une éminence, loin de la *Béronne.*

Elle consistait en un donjon élevé, aux épaisses murailles.

Il n'y avait donc qu'une tour, mais elle était formidable, une tour au faîte perdu dans l'air. Les fossés étaient sans eau.

Le château a disparu. Il occupait tout l'emplacement occupé aujourd'hui par la place Bujault.

On a trouvé dans ses décombres plusieurs pièces de monnaie en argent, portant, d'un côté, un homme monté sur un cheval, et de l'autre côté, une croix avec une légende où l'on lit ces mots : *Carlus, Calvus,* et plus loin : *Metullo.*

Melle n'a jamais eu de seigneurs particuliers. Il y a eu des seigneurs représentant les souverains.

Le seigneur qui, le premier, a habité la forteresse est un *Maingot*, lieutenant du château.

Pendant un siècle, différents seigneurs au nombre desquels se trouve un Frottier, commandèrent la forteresse.

La ville de Melle fut associée, primitivement, à la ville de Civray, et il y a lieu de croire que les seigneurs de cette dernière localité furent souvent les mêmes à Melle.

En 1190 la seigneurie de Civray appartenait à Othon, fils de Henri duc de Bavière et de Saxe, et de Mathilde, fille de Henri II roi d'Angleterre. Cette terre passa ensuite dans la maison de Lusignan.

En 1199, Raoul de Lézignem, dit d'Issoudun, cinquième fils de Hugues VIII, sire de Lézignem, fut seigneur de Melle, de Chizé et de Civray en Poitou et prit la qualité de comte d'Eu, à cause de sa femme.

Alix, comtesse d'Eu, héritière de Raoul, continue ;

En 1222, Raoul d'Issoudun, fils de Raoul de Lézignem et d'Alix, succède ;

En 1246, Melle revient à Alphonse, comte de Poitou ;

Alphonse meurt sans laisser de postérité ;

Sa succession retourne alors à la Couronne.

En 1287, le comte d'Angoulême reçoit en fief, Melle, avec la châtellenie d'Angoulême.

Vers 1320, la châtellenie de Civray, ainsi que les terres de Melle passèrent ensuite à Raoul, comte d'Eu et des Guines, connétable de France, qui fut décapité à Paris, pour crime de trahison, le 9 novembre 1350.

Tous ses biens furent confisqués. Civray retourna par ce moyen à la Couronne.

En 1356, lorsque les Anglais dominèrent en Poitou, à la suite de la bataille de Maupertuis, dite bataille de Poitiers, le roi Edouard III disposa de la seigneurie de Melle en faveur du prince Thomas Wood dstock.

Le dimanche 24 juin de l'année 1363, Maingot de Melle, lieutenant du roi d'Angleterre en Poitou, fut un de seigneurs qui portèrent Aimeri de Mons, évêque de Poitiers, à son entrée en ville, pour la prise de possession de son siège épiscopal.

En 1364 et le 17 septembre, un traité est fait entre Aimeri de Mons évêque de Poitiers, et Guillaume l'archevêque, seigneur de Parthenay, en présence de Louis d'Arcourt, vicomte de Châtellerault, de Guillaume Felton, sénéchal de Poitou, d'Aimeri d'Argenton, chevalier, de Maingot de Melle, aussi chevalier, et de plusieurs autres, au sujet des nappes qui avaient servi au repas donné à l'évêché, et que le seigneur de Parthenay prétendait lui appartenir, pour avoir porté depuis l'église de Notre-Dame-la-Grande, jusqu'à la cathédrale, l'évêque Aimeri, lors qu'il y fit, la première fois, son entrée solennelle.

La date de 1364 est la dernière qui parle des Maingot.

En 1372, après la prise de Saint-Maixent par Duguesclin et le duc de Berry, les châteaux de Melle, Aulnay et Fontenay-le-Comte, se rendirent aux Français.

Les victoires de Duguesclin eurent pour résultat de chasser les Anglais et de remettre le Poitou aux mains du roi de France.

Après la prise de Niort, le roi Charles V donna au duc de Berry, son frère, le comté de Poitou, avec les fiefs de Parthenay et les terres de Chizé, Civray et Melle.

Il ne s'en réserva que la souveraineté.

Le duc de Berry le posséda de 1372 à 1393.

Cette province devint ensuite l'apanage de Charles le Dauphin, qui eut sa cour à Poitiers et qui fut enfin roi en 1422 sous le nom de Charles VII.

En 1426 Georges de la Trémouille se fait donner, par faveur, la place de Melle, sous prétexte qu'étant allé le 20 novembre en ambassade auprès de Philippe le Bon, duc de Bourgogne, il avait été mis à rançon pour dix mille écus d'or.

Quelques années plus tard, Charles VII donnait Melle à son beau-père, Charles d'Anjou, comte du Maine (1452).

En 1487, le roi Charles VIII donna les villes de Melle et de Chizé, à Charles comte d'Angoulême.

Le comte d'Angoulême, devenu roi sous le nom de François I<sup>er</sup>, donne Melle en usufruit à la comtesse d'Angoulême, sa mère, en 1526.

A la mort de sa mère, François I<sup>er</sup> rentre en possession de Melle.

En 1541, les comté et sénéchaussée de Civray, dont faisait partie Melle, furent rétablis en faveur du duc d'Orléans.

A la mort du duc d'Orléans, on trouve Loys de Rochechouart, chevalier, seigneur de Montpipeau, Vouillé, Mougon, Thorigné et Gascougnolle, panetier ordinaire du roi et chambellan du duc d'Orléans, en possession de Melle.

Jusqu'en 1561 les possesseurs de Melle étaient des apanagistes.

A dater de cette époque, les possesseurs de Melle sont des engagistes.

Depuis la fin du xvie siècle on ne trouve à Melle que des seigneurs engagistes, c'est-à-dire des seigneurs qui jouissaient, par engagement, d'un domaine appartenant au roi, et qui payaient leur engagement à l'Etat.

Cet engagement donnait aux engagistes un revenu considérable, qui se prélevait sur une multitude de droits, remontant, pour la plupart, au temps de la féodalité.

# VI

## JUSTICE

La Justice est de beaucoup antérieure à l'autorité seigneuriale et militaire, à Melle.

Les premières fonctions de viguier, du magistrat chargé d'administrer la justice, datent de la plus haute antiquité.

Les comtes chargés de rendre la justice au criminel et au civil, de commander les troupes et d'exercer toutes les fonctions administratives, réunissaient tous les pouvoirs : administratif, judiciaire, militaire et financier.

La variété et l'étendue de ces attributions ne leur permettant pas de les exercer eux-mêmes sur tous les points de leurs provinces, ils furent autorisés à commettre des officiers pour les suppléer.

Ces officiers appelés *viguiars*, *vicarii*, c'est-à-dire délégués du comte, représentaient le comte.

Les subdivisions territoriales à la tête desquelles furent placés les viguiers, s'appelaient : vigueries.

Les vigueries perdirent de leur importance, de siècle en siècle, jusqu'à l'apparition des prévôtés devant lesquelles elles disparurent.

La justice prévôtale de Melle s'étendait très loin.

Elle comportait presque tout le canton de Celles, de Montigné à Gascougnolle, et de Gascougnolle à Goux, en ligne courbe, par Fressines.

D'autre part, Melle s'étendait jusqu'à Chail et à Sepvret, puis, dans une autre direction, jusqu'à Tillou, et enfin jusqu'aux portes de Brioux.

La justice de Melle fut une des quatre prévôtés royales qui furent mises dans le ressort de la sénéchaussée de Civray.

Plusieurs familles de Melle comptèrent au nombre de leurs ancêtres des prévôts et des magistrats de la ville.

Dans la prison actuelle de Melle, autrefois l'église de Saint-Savinien, se trouve enterré Pierre-Saturne Houlier, conseiller du roi, président au siège royal de Melle, décédé le 10 février 1665.

Pierre-Saturne Houlier qui avait soixante-deux ans lorsqu'il prit le siège de Melle, et qui ne s'était jamais occupé d'affaires judiciaires, rendit un jugement fameux, le jugement des bûchettes.

La sentence que ce magistrat rendit le 24 septembre 1644, dans un procès où la vérité lui semblait très difficile à démêler, inspira à La Fontaine le joli conte du *Juge de Melle.*

Il s'agissait dans ce procès d'une pistole d'or, d'Espagne, de poids, et de trois pièces de trente sous six deniers, légères, qu'un particulier prétendait avoir présentées à une hôtelière pour qu'elle lui rendit la monnaie de la pièce d'or, et se payât de quatorze sous de dépenses.

L'hôtelière ne niait point avoir reçu la pistole d'or pour la peser, mais elle affirmait l'avoir mise ensuite sur la table; et quant aux trois pièces légères elle offrait de les rendre, en déduisant quatorze sous de dépenses.

Le lieutenant général ne sachant comment sortir d'embarras, prit entre ses mains deux courtes pailles ou bûchettes, et les fit tirer à chacune des parties en cause, en déclarant que celle des parties qui tirerait la plus grande des bûchettes gagnerait sa cause.

L'hôtelière, la défenderesse, ayant tiré la plus grande des bûchettes, Pierre-Saturne Houlier donna raison à la défenderesse « déférant d'ailleurs le jugement de la cause à la Providence divine ».

# VII


## LES GUERRES DE RELIGION

C'est au xvi° siècle que le calvinisme pénétra à Melle.

Le temple de Melle s'éleva à côté de la chapelle de Médoc.

La ville, dès 1569, c'est-à-dire dix ans après l'introduction de la réforme dans ses murs, était presque entièrement convertie au protestantisme, et soutenait son premier assaut contre l'armée catholique.

Le duc d'Anjou, général de l'armée du roi, prit sur les calvinistes les villes de Loudun, Melle, Ruffec et les battit à la bataille de Jarnac, où Louis, prince de Condé, leur chef, fut tué d'un coup de pistolet, par Montesquiou, capitaine des gardes suisses.

Le prince de Condé fut alors remplacé à la tête du parti protestant par l'amiral de Coligny.

Au mois de janvier 1577, la place fut prise pas un corps de relgionnaires (protestants), sous les ordres du capitaine Bonnet originaire de Melle. Bonnet réussit à pénétrer dans le château, en menaçant tou les catholiques, si on ne lui livrait pas cette forteresse.

Le 24 mars suivant, les catholiques vainqueurs rentrèrent à Melle, portant dans sa bière leur commandant la Trémouille mort è Saint-Léger, selon les uns, d'une attaque d'apoplexie, selon les autres, des suites d'une blessure reçue pendant le siège.

Durant cette guerre civile les catholiques et les protestants dominèrent tour à tour à Melle.

La ligue y fut représentée en 1584 par un magistrat de Périgueux, La Moffre, auquel le duc de Guise avait délivré un brevet de colonel.

La Moffre leva donc un régiment et vint tenir garnison à Melle, dont il s'étudia à vexer la population, en majeure partie calviniste.

La menace d'un siège lui fit bientôt prendre la fuite à l'improviste, mais poursuivi par d'Aubigné et Saint-Gelais, il dut s'estimer fort heureux de regagner Périgueux, sain et sauf, après avoir laissé 160 des siens sur le carreau.

# VIII

## FONDATION DU COLLÈGE DE MELLE. — JOSEPH DEFONTAINE

En 1623 un protestant, Joseph Defontaine, fonda le collège de Melle.

Il était natif de Melle, et avocat au Parlement de Paris.

Joseph Defontaine était fils d'Adam Defontaine, médecin, originaire de Troyes en Champagne, et de Catherine Badon.

Il avait épousé Judith Grelier, fille de Pierre, seigneur de La Jousselinière.

Joseph Defontaine étant désireux de venir en aide à ses semblables, et rêvant pour ses compatriotes l'instruction et la charité, sous toutes les formes, donna par testament, aux habitants de la ville de Melle et au consistoire de l'église réformée, sa maison de Melle pour en faire un collège destiné à instruire la jeunesse.

On devait enseigner à ce collège les éléments des sciences et de la langue latine, jusques et y compris la rhétorique.

Defontaine afin de garantir la stabilité de son établissement et prévoyant peut-être la ruine du calvi-

nisme en France, déclara par son testament « laisser ses biens au corps des habitants et au consistoire
conjointement et séparément à l'un d'eux, pour le
cas ou l'autre se trouverait incapable de recevoir le
don à lui fait ».

Dans son testament Defontaine, tout en penchant
vers ses coreligionnaires, n'exclut pas cependant les
catholiques ; et l'on comprend qu'un testament ainsi
fait, ait prêté à une interprétation différente de celle
qu'il voulait lui donner.

Ses biens furent donc détournés de l'emploi qui
leur avait été assigné,

Quoi qu'il en soit, le collège demeura fondé par
Defontaine et s'est maintenu dans sa maison.

# IX



## HOMMES ILLUSTRES

Melle a vu naître le législateur Jard-Panvillier, successivement questeur du Tribunat, et président de la Cour des Comptes.

Le littérateur Pierre-René Auguis.

Les lieutenants-généraux Fournier et Minot, et les frères Aymé, l'un ministre de la Guerre et de la police, l'autre secrétaire et ensuite premier chambellan du roi Murat.

# X

CHATEAUX DES ENVIRONS DE MELLE

A dater du xvᵉ siècle, on trouve, aux environs de Melle, plusieurs châteaux :

1° Le château de Melzéar. L'étymologie de Mellesiar (Melzéar) est composée de deux mots latins : *mellusia* et *Arx* (forteresse de Melle).

Cette forteressse qui défendait Melle consistait dans une tour.

Cette tour se trouve à trois quarts de lieues de Melle.

Elle fut construite sous le règne de Charles VII, par Frottier, après la mort de Jean, duc de Bourgogne, qui fut tué au mois de novembre 1419 par Jean Guy du Châtel, avec le secours de Pierre Frottier, qui lui tint sa houppelande, sur le pont de Montereau, dans la conférence qui y fut tenue avec Charles VII, alors dauphin de France : « Craignant les poursuites des Bourguignons, ledit Frottier fit bâtir, avec la permission du roi, une tour au principal manoir de Mellesiar, pour servir de forteresse à la ville, d'où elle porte le nom qu'elle a. La tour de Mellesiar est un superbe monument, dans le meilleur état, et un des plus beaux, pour ne pas dire le plus beau de la province, dans ce genre. Cette terre (Melzéar) a passé dans les maisons de Saint-Maure, de Jarnac, de Marans, dans celle de Vernon. Elle est venue au comte d'Aubusson de la Feuillade par M<sup>me</sup> de Vernon son aïeule. »

Dans cette forteresse il y avait un caveau dans lequel se trouvait un puits, maintenant comblé.

On avait établi ce puits, pour servir, en cas de siège, aux besoins des soldats qui veillaient à la défense de cette tour.

L'édifice se termine par une galerie circulaire dans laquelle on est à couvert.

Cette galerie ou chemin de ronde que défend un parapet, est soutenue par des consoles espacées, de manière à laisser des jours, par où l'on pouvait lancer du plomb fondu, de l'eau bouillante et des pierres.

Quelquefois aussi les assiégés attachaient au bout d'une chaîne des morceaux de plomb ou de petits blocs de pierre qu'on lançait sur la tête des assaillants, et qu'on retirait aussitôt pour les laisser retomber de tout leur poids.

Il y a sur la tour de Melzéard quelques meurtrières à canon, et sur son parement extérieur, on croit reconnaître l'empreinte de boulets.

2° Le château de Bonneuil, appartenant autrefois à la famille des Vernoux, seigneurs de Saint-Genard, de Paisay-le-Tord et autres lieux.

3° Le château des Ouches qui est près de celui de Bonneuil.

Ce château est occupé par la famille de La Coste, famille extrêmement ancienne et qui sort, dit-on, des Lezay de Lusignan.

Il est assez moderne et ne rappelle aucune circonstance historique.

4° Le château de Gagemon, qui s'élève dans un site charmant, à 2 kilomètres environ des Ouches et de Melle.

Ce château est récent, néanmoins son propriétaire, ancien dans le pays, joua un rôle dans les troubles de la réforme, à Melle.

5° Le château de Chaillé, qui a été construit au commencement du xv° siècle, mais dont on ignore l'auteur.

Ce château fut habité par le sieur Claude de Cousdun, seigneur de Chaillé « gentilhomme aussi accompli que la France en ait produit en son temps ».

# XI



L'habitant de l'arrondissement de Melle aime à savoir.

Il aime, à la veillée du soir, à répéter les nouvelles qu'il a entendues, qu'il a recueillies au marché de la ville.

D'ailleurs sobre, laborieux, toujours au soleil, toujours à la pluie, il fait et refait d'un pas lent mais toujours sûr, les durs sillons de son champ qu'il aime.

Propriétaire, il jette un œil d'envie sur le champ qui lui touche.

Simple fermier, il convoite le champ qu'il cultive.

Fier de ses bœufs bien nourris, de ses poulinières aux crins flottants, de ses mules élégantes, fier de sa position meilleure, acquise par de rudes labeurs, il n'en continue pas moins sa vie économique, son travail incessant.

Devenu vieux, il s'entretient avec un sang-froid bien rare de sa fin qui approche ; il en parle avec une indifférence, avec un calme que l'on trouve seulement parmi ces hommes des champs, dont la vie est si rude.

Pourquoi s'attrister ! La mort les conduit à leur premier repos.

Les habitants de l'arrondissement de Melle aiment les fêtes. Chacune des récoltes à la sienne.

Les foins, les moissons sont toujours terminés par des solennités champêtres.

Quoi de plus naturel, de plus charmant, que de voir les bonnes populations de nos champs, reconnaître par de naïves et simples réjouissances, l'inépuisable fécondité de la nature.

Les mariages donnent lieu surtout à de nombreuses cérémonies ; les jeunes filles font la toilette de la mariée ; les longues barbes de la coiffe sont rabattues ; elle est parée d'une ceinture, d'un bouquet de fleurs artificielles,

Au retour de la messe, elle distribue des rubans, elle donne, elle reçoit des baisers.

A la fin du repas, les jeunes filles entourent la mariée et lui chantent, d'une voix monotone, la vieille et solennelle chanson :

« Vous n'irez plus aux bals, aux assemblées. »

Le lendemain, la mariée parcourt le village, elle se rend chez tous les invités, pour les engager à venir quelques moments encore à la fête qui va finir.

Le soir, après des danses nouvelles, de nombreuses libations et de nombreux iouh ! iouh !

L'assemblée se sépare et chacun avec son ruban, son souvenir, retourne gaiement à ses prés et à ses champs.

Pendant l'hiver il y a des veillées où chaque soir se réunit la jeunesse du village ;

Les jeunes filles s'y rendent avec leur quenouille ; les jeunes gens pour causer et pour se réjouir.

Pendant la belle saison, il y a des assemblées où l'on va en foule pour y trouver ses parents, les amis de son âge.

Ces fêtes sont toujours accompagnées par des danses ; mais on n'y voit plus les branles du Poitou ; on n'y voit plus ces rondes où nos pères s'égayèrent tant de fois.

# LISTE DES MAIRES DE MELLE

Les maires jouissaient d'une grande importance et tenaient autant de la justice que de l'administration communale.

Ils pouvaient même parfois être guerriers.

Chaque année on procédait aux élections, en choisissant les candidats dans tous les ordres des citoyens.

Le maire de la ville, le jour de son élection, s'engageait par serment, à garder la ville au roi et à son héritier, et à la défendre envers et contre tous les ennemis de Sa Majesté.

Le maire était le chef de la commune, et était nommé par le sénéchal, ce grand officier de la Couronne qui rendait la justice au nom du roi et qui était choisi par lui.

Le sénéchal choisissait le maire entre trois candidats.

1755 à 1766. — De la Vallée, maire

1768 à 1769. — Champaux, maire.

1776 à 1790. — Cuvillier de Champoyau, maire.

1790 à 1793. — Lambert du Mont, maire.

1793 à 1795. — Fournier, médecin, maire.

1815 à 1816. — Palustre de Virsay, maire.

1816 à 1819. — Delaubier-Forgetrie, notaire, maire.

1819 à 1830. — Aymé, maire.

1830. — De Gigou, maire.

1830 à 1832. — Aymé, maire.

1832. — Delvault, médecin, maire.

1848. — Voularnière, avoué, maire.

1848. — Thoreau-Lasalle Ernest, maire.

1848. — Barbier Léo, médecin, maire.

1849. — Lieutenant-général Aymé, maire.

1852 à 1870. — Laugaudin Edme-Lucien, notaire, maire.

1871 à 1876. — Carré Isidore, maire.

1876. — Grasseau Jacques, maire.

1878. — Saché Ernest, maire.

1880. — De Reigné Clément, maire.

1884. — Girard Théodore, questeur au Sénat, maire.

1908. — Girard Théodore, questeur au Sénat, maire.

# LISTE DES CONSEILLERS MUNICIPAUX
## ACTUELS
## DE LA VILLE DE MELLE

Le maire actuel de la ville de Melle est M. Théodore Girard, questeur au Sénat.

Le premier adjoint est M. Edouard Gaud, médecin, conseiller général,

Le second adjoint est M. Clément Bougouin, propriétaire.

Les conseillers municipaux sont les suivants :

MM. Giraudeau Louis.

Bellivier Pierre.

Glatron Emile.

Tribert Antoine.

Proust François.

Roché Louis.

Saché Ernest.

Goussard Edouard.

Marché Charles.

Allain Jean.

Juchaut Jacques.

Thoret Albert.

Boussagol Joseph.

Bouquet Louis.

Moreau Charles.

Bernela Jean.

# HISTOIRE

## DE

# VERRINES-SOUS-CELLES

### (Arrondissement de Melle)

# Histoire de Verrines-sous-Celles

---

## AVANT-PROPOS

Cette commune assez importante, et qui compte 1.200 habitants environ, a son histoire.

Je vais essayer, avec les documents que j'ai entre les mains, d'en faire l'histoire.

La commune de Verrines-sous-Celles a pour chef-lieu Verrines (Vedrinas).

Ce village est situé à mi-côte, dans la vallée de la Belle ( *flamen belane*).

Le nom de cette rivière rappelle le dieu Bel (Baal), dont le culte se confondit tellement avec celui des druides, que celui-ci n'en paraît qu'une dérivation.

Cette divinité étrangère aurait été importée chez nous, par des marchands phéniciens, attirés par le commerce du plomb et des autres métaux que l'on tirait, autrefois, des mines célèbres de Melle.

La *Belle* reçoit deux ruisseaux : La *Doie* et le *Chironail*.

Les noms et les souvenirs qui se rattachent à ces deux ruisseaux ainsi qu'à la *Belle*, reportent aux époques les plus reculées de l'histoire.

Le mot Doie vient probablement du latin *Diva*, déesse, et en rapprochant ce mot de Bel, on est tenté de se rappeler Astarté, déesse des Phéniciens.

Voici ce qu'on lit, du reste, dans un mémoire de l'Académie des inscriptions : « Baal et Astaroth sont

presque toujours joints ensemble, comme deux divi-
nités des Sidoniens, c'est le Soleil et la Lune. »

La position du vallon de la Doie et les souvenirs
qui s'y rattachent prêtent à observer qu'il a dû servir
de lieu d'habitation aux Gaulois.

Situé à 6 kilomètres de Melle, ce vallon sillonne
insensiblement la plaine, qui s'étend jusque-là unie
et presque sans arbres.

On rencontre, en cet endroit, des amas de pierres
considérables et des enclos à moitié détruits, gisant
dans un espace de prés d'une demi-lieue de circuit,
placés au bord même de l'ancienne route de Melle
à Niort, et ayant pour centre les fontaines mêmes
de la Doie.

Evidemment, cet endroit aujourd'hui désert, a dû
former autrefois un centre considérable ; et l'on voit
que c'est la main des hommes qui a disposé ces fontaines en bassins larges et commodes, et formé à
l'entour un vaste emplacement, en faisant disparaî-
tre d'énormes rochers qui faisaient obstacle.

Parmi toutes les fontaines qui surgissent dans ce
vallon, il y en a une qui se trouve presque à la naissance du vallon, qui porte le nom de *Saint-Martin*,
le grand thaumaturge du IV<sup>e</sup> siècle, et une autre fontaine du même nom placée à la fin de ce même
vallon.

Mais, après la première fontaine de *Saint-Martin*,
on rencontre, au bord même du ruisseau qui, dans
cet endroit, s'étend dans un lit circulaire qu'il a bien

de la peine à remplir, des traces de constructions anciennes.

Là est le *Boissaint*, qui n'est aujourd'hui qu'un champ entouré de chênes étêtés, s'étendant en amphithéâtre autour du ruisseau, et rappelant par sa position et par son nom les sacrifices et les purifications des druides.

Au-dessus du *Boissaint*, on distingue, sur la hauteur, le village du Luc (Lucus, bois sacré). C'était le lieu où habitaient les druides.

A l'endroit où les eaux de la *Doie*, du *Chironail* et de la *Belle* opèrent leur jonction, se trouve un endroit appelé Saint-Martin, qui se compose d'un grand espace de terrain couvert de bois et d'amas de pierres, et d'une petite fontaine que la tradition regarde comme miraculeuse.

Saint-Martin dont le nom, s'allie si bien avec celui de la Gaule, dont il fut un des principaux apôtres, et en particulier avec le Bas-Poitou, où l'on retrouve partout son nom, évangélisa cette contrée et spécialement la vallée de la Belle.

Les bois qui couvraient alors toute la surface des coteaux, durent servir de rempart formidable au druidisme jusqu'à sa fin, c'est-à-dire jusque vers le commencement du vᵉ siècle, époque à laquelle les habitants des campagnes furent appelés : paysans (*pagani*, païens) parce qu'ils adoraient encore les idoles, alors que les habitants des villes s'étaient faits chrétiens.

## ÉPOQUE GALLO-ROMAINE et FRANQUE

Les Romains ont laissé dans la commune de Verrines de nombreuses traces de leur passage.

En 1858, en faisant des fouilles dans un champ
situé à peu de distance du village du Luc, et près
d'un endroit dit le *champ sacré*, on a découvert une
sépulture gallo-romaine et des puits funéraires de
1 m. 20 de largeur sur 2 mètres de profondeur, contenant des ossements incinérés, des coquillages,
des débris de toutes sortes, et une certaine quantité
de vases gallo-romains, en terre cuite ou en verre,
dont quelques-uns avaient la forme de grappes de
raisin, une clochette en bronze, des clous, des monnaies, etc.

. . . . . . . . . . . . . . . . . . . .

En 1902 des terrassiers trouvèrent, en piochant
dans un endroit placé à l'embranchement de quatre
chemins, connu sous le nom de la Croix pendue,
plusieurs sépultures, ou plutôt des tombeaux formés
de pierres plates, placés très près les uns des autres,
fermés et recouverts également de pierres plates ;

et renfermant des squelettes, des ossements humains, et deux urnes cinéraires. C'étaient des sépultures Gallo-Romaines.

Avec les Francs, le christianisme va s'implanter sur notre sol et remplacer le paganisme des Romains.

De courageux missionnaires propagent la foi dans les Gaules.

Saint Martial vient prêcher à Limoges, saint Denis à Paris. L'église de Lyon a pour apôtres saint Pothin et saint Irenée.

Le roi Clovis, après la bataille de Tolbiac (496) et à la suite de sa conversion au catholicisme donna de grands biens au monastère de Saint-Maixent, et tout porte à croire que ce fut ainsi que les moines de Saint-Maixent devinrent possesseurs des biens qui leur appartenaient dans toute l'étendue de Verrines

Une charte de l'an 1033 le témoigne, en disant qu'à cette époque, ces moines possédaient Verrines depuis fort longtemps.

Lorsque la paix a remplacé la guerre et la barbarie, et lorsque les derniers restes du paganisme ont été complètement détruits, on voit les Bénédictins défricher la vallée de la Belle et s'établir dans l'endroit solitaire, appelé depuis, la maison des défricheurs, ou le prieuré, qu'ils entourent de murs épais, ceints eux-mêmes de douves, pour s'abriter ainsi que la population contre les nouvelles invasions barbares.

Dès lors on ne parlera plus de la Doie, dont les antiques demeures ont été abandonnées, peut-être depuis saint Martin, ou détruites sans doute par les invasions successives.

Ce nouveau centre de population n'avait point alors de nom particulier.

Jusqu'au $x^e$ siècle on l'appelle : bourg situé sur la Belle aux environs de Melle et dépendant de sa viguerie.

Ce n'est qu'au siècle suivant qu'il s'appelle : Ver-rines.

# III

ÉPOQUE DU MOYEN AGE

Verrines vit s'élever, au moyen âge, un monument, l'église, qui devait en faire longtemps la gloire, et dont il ne reste plus que les absides, les bras de croix et le clocher.

Cette église date du xi° siècle.

Le style est le roman et l'ogive à sa naissance.

Toutes les fenêtres sont romanes, et l'ogive commence à poindre dans les absides et dans le clocher.

La nef est une restauration.

L'église qui est bien moins grande, aujourd'hui qu'autrefois, comprenait alors 36 mètres de longueur (tandis qu'elle n'en compte plus que 21) sur 22 mètres de largeur, dans les bras de croix, et 16 mètres dans la nef. La façade principale était, paraît-il, très ornée.

Elle va en montant, dans les bras de croix d'abord, par deux marches, dans le chœur et les absidiales par une autre, et dans le sanctuaire enfin par deux, sans compter la marche de l'autel. Elle y gagne de toutes manières, soit parce que l'autel est mieux exposé à la vue, soit parce qu'elle est garantie elle-même contre l'humidité du sol qui la surmonte au levant.

Mais une des parties les plus caractéristiques de l'église est le clocher ; il est carré et compte 100 pieds de haut compris la croix.

Quatre grandes fenêtres romanes s'ouvrent sur ses faces ; et quatre petites fenêtres s'ouvrent dans le plan inférieur, pour éclairer la coupole.

Au sud-est s'élève la tour renfermant l'escalier qui conduit au clocher et aux combles ; elle est ronde, de petite proportion, et donne beaucoup de grâce au clocher, par son élévation.

Ce sont des Bénédictins qui, établis autrefois à Verrines, construisirent cette église.

De larges et profonds fossés la protégeaient contre toute attaque du dehors, et de l'humidité.

Elle est un des rares monuments religieux du département des Deux-Sèvres qui présentent des traces de fortification.

Voici un passage extrait de l'ouvrage intitulé : *Les monuments religieux, militaires et civils du Poitou* par *M. Charles Arnauld*, qui, décédé depuis un certain temps, fut conseiller de préfecture à Niort, en ce qui concerne l'église de Verrines :

« L'aspect de cet édifice a quelque chose de féodal. Ses fortifications ne l'ont pas toujours défendue, car il n'en reste aujourd'hui que le clocher, les bras de croix et les absides. Les parties de cette église échappées au marteau destructeur sont solides, et semblent pouvoir braver pour quelque temps encore, les pluies et les orages. Cependant, l'on s'attriste, en voyant sa jolie tour suspendue sur des arcades, dont chaque moment détruit quelque pierre ; on tremble que le jour de la destruction ne vienne emporter, trop tôt, le précieux débris qui nous atteste que l'église de Verrines fut autrefois l'un des édifices les plus élégants, les plus remarquables de nos contrées.

Il y eut, autrefois, un tribunal à Verrines.

On y rendit la justice, à dater du commencement du xi° siècle jusqu'en 1793; et c'est ce qui lui donna de l'importance.

La justice y fut établie par une charte, de quelques années postérieure à l'an 1033.

Le tribunal était tenu par des moines.

Ils étaient juges de leurs gens et de leurs terres dans les procédures non criminelles, et même dans les procédures criminelles, en s'unissant aux viguiers, qui étaient des magistrats chargés d'administrer la justice.

La justice tenait dans un local détruit aujourd'hui, et qui se trouvait à l'entrée principale du cimetière, qui touche l'église, et vis-à-vis le monticule où se dressait le poteau du carcan.

La prison était la cour carrée qui donnait sur le cimetière, à l'orient de l'église.

Cette cour carrée n'existe plus aujourd'hui.

Et le *pilori* appelé autrement la croix pendue, était situé audit lieu à un embranchement de quatre chemins donnant dans la direction de Verrines, de

Montigné et des villages de Croué et de Négressauve.

De cet endroit on distingue toute la vallée de la Belle, depuis Celles jusqu'à Montigné, c'est-à-dire presque toute l'étendue des terres soumises à l'ancienne juridiction de Verrines.

# ÉPOQUE MODERNE

Lorsque éclata la révolution du xviiie siècle, ii y avait longtemps déjà que le prieuré de Verrines qui datait de la même époque que l'église et qui communiquait avec elle, était devenu un prieuré commendataire, c'est-à-dire pourvu d'une commende. On entendait par commende l'usufruit d'une abbaye accordé par le pape.

Le prieur était seigneur de Verrines. Le dernier prieur fut très haut et très puissant seigneur Jean Henri d'Antibes, prince de Monaco.

Son titre de Verrines lui rapportait 9.363 livres.

Les derniers fermiers du prieuré furent les sieurs Dubreuil-Chambardel et Bourdinière.

Dubreuil fut nommé par le district de Saint-Maixent à l'Assemblée législative.

Il passa ensuite à la Convention, et vota la mort de Louis XVI.

## ÉPOQUE ACTUELLE

De tout ce qui subsistait alors à Verrines, il ne reste plus que l'église, qui est classée parmi les monuments historiques.

Il ne reste plus de ce prieuré qui datait de la même époque que l'église et qui communiquait avec elle, qu'une porte ogivale.

Le prieuré était fortifié. Les Bénédictins qui l'habitaient étaient très riches, et possédaient outre Verrines, beaucoup d'autres terres dans le voisinage.

L'église de Verrines fut vendue, à vil prix, pendant la révolution et acquise par divers particuliers qui la trouvant trop considérable pour leurs entreprises la vendirent à d'autres.

Ainsi exploitée, l'église perdit ses nefs qui furent complètement ruinées par les démolisseurs, tandis que ses bras de croix et ses absides furent conservés par un sieur Daniaud, dans l'espoir de les voir, un jour, encore servir au culte. Ce qui arriva, du reste, car Verrines fut de nouveau reconnue paroisse, à la suite de la donation de cette église, qui fut faite à la fabrique, et de l'autorisation d'accepter cette donation, qui fut donnée par ordonnance du roi Louis Philippe, à la date du 21 mai 1841.

Imprimerie Henri Jouve, 15, rue Racine, Paris

www.ingramcontent.com/pod-product-compliance
Lightning Source LLC
Chambersburg PA
CBHW061256050726
47594CB00004B/1507